AF253994

À LA MÉMOIRE

DE RIGOMER BAZIN.

PIERRE

CHEZ M. ARISTE.

Prix : 30 centimes.

SE VEND

Au Mans, chez l'AUTEUR, rue de la Comédie, N.º 16.

A Angers, chez HÉNAULT, libraire, place du Lion-d'Or, N.º 37.

Février 1818.

De l'Imprimerie de RENAUDIN, rue des Jacobins, n° 9.

AVIS AU LECTEUR.

Lecteur qui craignez de perdre votre peine, ne passez pas outre, si vous ne recherchez dans cette bluette que le mérite de l'écrivain. Je ne me suis fait illusion ni sur la nullité de mon talent, ni sur mon défaut d'expérience. En publiant un dialogue composé d'abord pour moi seul, je ne fais que céder au concours des circonstances.

Celui qui, dès sa jeunesse, consacra ses affections et sa plume à l'auguste vérité; qui ne brûla jamais son encens sur les autels de l'homme puissant; qui ne caressa jamais le sot amour-propre d'un ignorant en place, et démasqua le vice par-tout où il le rencontra; celui-là, dis-je, trouvera des admirateurs et même quelques amis. Mais, s'il tient à se les conserver, ces admirateurs et ces amis, qu'il se garde bien de se montrer exigeant envers eux. Ce serait mal connaître le jeu secret des intérêts privés que de penser qu'ils accompagneront son convoi funéraire, ou qu'ils viendront en place publique déplorer sa mort.

Pour moi, qui ai contracté l'habitude d'émettre hautement ma pensée, je ne crains point d'avouer que j'eus l'honneur d'être l'ami de Rigomer BAZIN. C'est dans l'unique espoir de faire quelque chose d'agréable pour sa mémoire, que je jette publiquement quelques fleurs sur sa tombe.

PIERRE
CHEZ M. ARISTE. (1)

PIERRE venait à la ville pour s'entretenir avec M. Ariste des affaires publiques. Arrivé devant la maison de son maître, il la voit décorée de la pompe funèbre : il ouvre de grands yeux, croise ses bras sur sa poitrine et reste muet de douleur. Un ami de M. Ariste lui adresse la parole.

L'AMI *de M. Ariste.* Approchez, brave homme : votre tristesse m'intéresse.

PIERRE. Dieu tout-puissant! que s'est-il passé dans la maison de M. Ariste? Que signifie cet appareil de mort?

L'AMI *de M. Ariste.* Souffrez que je vous demande d'abord d'où vous vient cette consternation?

PIERRE. Voudriez-vous savoir pourquoi Pierre, le fermier de M. Ariste.........?

L'AMI. Pardon, Pierre. Si nous n'en étions pas à notre première entrevue, ma question pourrait vous paraître offensante. Parlez, qu'exigez-vous de moi?

---

(1) On conçoit qu'Ariste est Rigomer Bazin, dont la mort fait le sujet de cet écrit.

C'est le jour même de cette mort que se fait l'entretien.

PIERRE. Que vous m'appreniez en toute hâte, pourquoi cette draperie noire, cet affreux silence, cet abattement que je remarque sur votre visage? Dites-le moi, monsieur, que signifie tout cela?

L'AMI. Mon pauvre Pierre.....! je voudrais pouvoir vous le taire; je voudrais l'ignorer moi-même. Vous veniez sans doute chercher M. Ariste en ces lieux?

PIERRE. Que voudriez-vous dire?

L'AMI. Vous ne l'y verrez plus.

PIERRE. Mort de moi-même! monsieur Ariste, mon maître, mon bienfaiteur, le défenseur de nos campagnes, l'appui des malheureux...... je ne le verrai plus! et c'est moi, moi Pierre qui viens chercher cette accablante nouvelle. Oh! monsieur, monsieur, le malheureux Pierre a trop vécu.

L'AMI. Je conçois vos regrets : on n'en saurait assez donner à la mémoire de M. Ariste.

PIERRE. Qui me rendra mon bon maître? Que vais-je faire sur la terre, quand M. Ariste n'y est plus? (*Il s'arrache les cheveux.*)

L'AMI. Pierre......

PIERRE. Faudra-t-il que je reste dans nos champs? tout m'y parlera de sa bienfaisance. Faudra-t-il que je revienne à la ville? j'y retrouverai par-tout son image. Je vous le répète, monsieur, votre serviteur Pierre a trop vécu.

L'AMI. Remettez-vous, Pierre, et prêtez-moi quelques momens d'attention. Un lien sacré, celui de l'amitié, m'unissait à M. Ariste; je venais souvent auprès de lui me nourrir des leçons de sa longue expérience; souvent sa belle âme s'ouvrait à moi pour me laisser entrevoir la source de ces nobles élans, de ces émotions divines qui constituent la vraie dignité de l'homme. Il encourageait ma jeunesse et formait ma raison. J'aimais sur-tout à lui faire répéter le récit de ses nombreuses disgrâces. Il me confessait avec candeur les égaremens de sa jeunesse. Dans le délire des vertus naissantes, il avait vu des citoyens là où il n'existait que des esclaves; il avait entendu la France proclamer solennellement sa liberté, et il avait cru la France régénérée. Affranchi de toute servitude, libre de petites passions, plus encore de vices et d'intrigue, il ne venait pas même à sa pensée qu'un seul Français ne fût digne de devenir incessamment un Spartiate. Cette douce erreur fut celle de tous les Démocrates de notre révolution. Presque tous l'ont payée de leur repos ou de leurs têtes.

C'est ainsi que M. Ariste me signalait les écueils contre lesquels il avait échoué, afin de m'apprendre à les éviter moi-même. Pierre, vous avez perdu un maître généreux, un protecteur; moi, un ami sincère, un guide éclairé : laissons couler nos pleurs. Elles seront agréables à l'ombre d'Ariste. Mais, cette ombre qui nous est si chère, gardons-nous bien de l'affliger par une faiblesse. Si les plus beaux jours de notre ami se consumèrent dans une épreuve soutenue de son indomptable courage, ses derniers momens n'ont point déparé son honorable vie : il est mort de la mort des braves.

PIERRE. Expliquez-vous, monsieur.

L'AMI. Il est mort victime de ce préjugé barbare qui, comme l'a dit l'immortel Jean-Jacques, met toutes les vertus à la pointe de l'épée. Défié dans son honneur, il n'a plus écouté que le cri de l'honneur offensé. Les remontrances et le généreux dévouement de ses amis n'ont rien pu sur sa résolution : il aurait mieux aimé braver mille périls que de dévorer une insulte.

PIERRE. C'est donc à dire qu'on a tué M. Ariste. Voilà bien ce que je lui avais prédit cent fois. Quand il me racontait qu'on avait souvent employé le duel et essayé l'assassinat pour le réduire au silence, je lui disais : Vous reconnaissez devant moi que ce n'est pas à votre épée, mais à votre plume qu'en ont vos ennemis. Pourquoi ne vous servez-vous pas de votre plume pour repousser leurs attaques ? Pourvu que vous vous y prêtiez un peu, on usera jusqu'à la fin des moyens qui n'ont pas encore pleinement réussi, et vous succomberez tôt ou tard. Oh bien oui ! c'était comme si j'eus entrepris d'arrêter le soleil dans sa course.

L'AMI. Celui qui avait affronté tous les supplices, n'était pas homme à reculer devant un coup de feu.

PIERRE. Il paraît sûrement beau d'agir ainsi. Mais aussi vous avouerez qu'on a beau jeu contre un homme qui jette son arme à terre quand son adversaire a épuisé l'avantage du sort.

(7)

L'Ami. M. Ariste ne voulait qu'être brave. Il était hors de ses principes d'attenter à la vie d'un autre.

Pierre. Vous donnez-là un fier démenti à certaines gens qui m'ont dit quelquefois que messieurs Ariste et compagnie étaient des buveurs de sang.

L'Ami. Ne savez-vous pas, bonhomme, combien la haîne est aveugle. Approchez, suivez-moi auprès de ce lit de deuil où reposent les restes de la victime; venez suivre de l'œil les traces du plomb meurtrier.

Pierre. Ah! le voilà bien mon pauvre maître. Il porte encore dans ses traits cet air de bonté avec lequel il m'accueillait. C'était dans ce même appartement : il était sur ce fauteuil. Pierre, me disait-il, regarde-moi. J'ai blanchi sous les verroux; mes membres conservent encore l'empreinte des lourdes chaînes dont les chargea le despotisme; des oppresseurs ont dressé devant moi mon échafaud; des misérables, dont j'avais voulu briser les fers, ont insulté à mes disgrâces. C'était pour la liberté que je me dévouais aux orages; son image auguste était dans mon cœur : elle rehaussait, centuplait mes forces. Eh bien ! Cette liberté chérie, j'ai vu planter ses étendards parmi nous; j'ai vu les apprêts de son triomphe : j'oublie tous mes maux. Qu'ils vont être heureux les jours de ma vieillesse! Assis sur le rivage, je contemple avec sécurité les nombreux écueils que j'ai dépassés. J'entends les cris joyeux d'un peuple devenu libre. J'assiste à ses jeux; j'ai ma part de la reconnaissance qu'il voue à ceux qui ont combattu pour son indépendance. Répète avec moi, Pierre : qu'ils vont être heureux les jours de ma vieillesse !

Il ne prévoyait guères alors, mon bon maître, qu'un dernier malheur allait tromper ses douces espérances. Le bonheur, monsieur, n'est-t-il donc qu'un rêve ?

L'AMI. Il n'en est un que pour les méchans. L'homme juste dont le cœur est toujours pur, la conscience toujours paisible, vit heureux, même au milieu des chaînes, sans qu'il soit en aucune puissance humaine de lui ravir son bonheur. Dites-moi, Pierre, veniez-vous souvent vous entretenir avec M. Ariste ?

PIERRE. Autant que je le voulais, monsieur ; il ne me rebutait jamais. Grâces à lui, je connaissais le travail des chambres, la marche et les écarts de nos administrations. Je redisais ses instructions à la veillée devant ma petite famille et quelques laboureurs. Elles couraient de chaumière en chaumière, et chacun savait qu'il avait à la ville un défenseur toujours prêt à faire valoir ses droits.

L'AMI. Vous pensez-donc que le bruit de sa mort va jeter les esprits dans un grand abbattement ?

PIERRE. Les patriotes de la Sarthe ne l'oublieront JAMAIS.......

L'AMI. Vous avez raison, Pierre. Ils n'oublieront pas qu'il releva leur courage dans ces temps de désordre où la liberté du citoyen le plus recommandable était souvent à la merci d'un vil délateur. Il vous en souvient comme à moi : sourire à un ami, embrasser une amante, parler bas à une épouse, visiter un voisin, porter ou recevoir un salut : tout était crime alors. M. Ariste, athlète infatigable, fit entendre sa voix. « PATRIOTE, s'écria-t-il, élève toujours vers

» le ciel ta tête blanchie sous la verge des proscriptions,
» sois toujours fier, silencieux et patient en face de
» ceux qui se font tes adversaires; mais ne crois
» plus que tout soit permis envers toi, lorsqu'il s'a-
» gira de t'arracher à ton industrie, à ta famille et à
» tes foyers. Ton devoir est de n'obéir qu'aux lois;
» parce que le devoir du magistrat est de ne commander
» qu'au nom des lois. Laisse crier les faux amis du roi,
» eux pour qui la chûte du trône ne serait rien, s'il
» leur était possible de racheter à ce prix leurs pri-
» viléges et leurs dîmes.... »

PIERRE. Ces paroles me rendirent la vie, à moi qui avais aussi été dénoncé parce que mes concitoyens m'avaient nommé maire dans les cent jours.

L'AMI. Il faut tout couvrir du voile de l'oubli.

PIERRE. Ça ne laisse pas que de peser sur le cœur. Je serais bien curieux de savoir ce que se disent les persécuteurs de M. Ariste.

L'AMI. Si on ne les connaissait à d'autres signes, le sourire amer de leurs lèvres dénoterait leur bassesse. Ce sont des insectes qui s'attachent à son cadavre pour s'en disputer les lambeaux.

PIERRE. Les lâches! Si je les connaissais, je n'en épargnerais pas un.

L'Ami. Vous auriez tort, mon ami; ce serait faire outrage à la mémoire de M. Ariste. Sachez donc que l'Envie est un ennemi implacable. Elle reste debout auprès de l'urne du grand homme, et remue ses cendres avec un poignard. Les ennemis de M. Ariste ne se composaient pas seulement, à la vérité, de ceux qui portaient envie à son mérite. Il en était dans le nombre qui ne lui avaient juré haine éternelle que parce qu'il les avait adroitement démasqués. Ceux-là, je vous le proteste, ne lui inspiraient, que le plus froid mépris. Pierre, ce n'est jamais que du pied qu'on écrase un reptile.

Pierre. Vous voulez donc assurer leur triomphe?

L'Ami. Les temps ne sont plus à eux. Si nous perdons à la mort de M. Ariste, ses ennemis n'y gagnent rien. Le torrent des lumières n'en remontera pas plus vers sa source. Le gouvernement de Louis XVIII marche franchement avec l'esprit du siècle, et les Français reconnaissans se précipitent sur les pas de leur roi. Ne vous inquiétez point de ce que prétendent faire ces nouveaux Don Quichotte qui se jettent, la visière baissée, en arrière de la grande nation. On les a reconnus à la rudesse de leur accent, à la rouille de leurs lances, à la bizarrerie de leur accoutrement. Les voyez-vous, ces débiles chevaliers de la vieille Gaule, s'attacher à des corps jeunes et robustes qu'ils voudraient entraîner hors du siècle : ridicules efforts! ils sont emportés. Malencontreux chevaliers, je déplore votre défaite : vous allez être libres en dépit de vous-mêmes.

PIERRE. A propos de lumières, M. Roquentin m'a dit cent fois qu'elles rendent les hommes fainéans, traîtres, fripons, indociles.

L'AMI. Je veux bien croire qu'elles les rendent indociles au joug des Roquentins, mais jamais à celui des lois. Pour ce qui est du reste, il vous a menti.

PIERRE. Ne vous emportez pas, monsieur; je me garde bien de m'en tenir au dire de M Roquentin. Je sais trop combien mes affaires se sont améliorées depuis que M. Ariste a pris le soin de m'instruire.

L'AMI. Il fut un temps où la crédulité du peuple était une bonne mine à exploiter. Voulez-vous que je vous raconte comment on se l'était ouverte?

PIERRE. Volontiers.

L'AMI. Ceux qui faisaient métier de tromper leurs semblables avaient placé le flambeau de la raison sous un boisseau, et ils s'écriaient : Si vous êtes assez imprudens pour lever ce boisseau, le feu qu'il cache se répandra sur vous et vous consumera. Cette menace eut son effet, et chacun resta frappé de stupeur. Enfin, quelques-uns, mieux avisés que les autres, se mirent à dire : Pour enfermer cette lumière, il a fallu s'en saisir; or, ceux qui l'ont fait sont devant nous et regorgent de santé : ils n'ont donc pas été grillés? Ce raisonnement était trop simple pour ne pas prévaloir : dès-lors le boisseau fut mis en éclats, et personne ne périt.

PIERRE. Oh! que mal venus seraient aujourd'hui ceux qui nous montreraient de ces vilains boisseaux-là!

L'Ami. Votre remarque me ferait rire, si je pouvais oublier que nous sommes auprès des restes d'un ami.

Je vous ai dit ce que l'on avait fait pour tromper les hommes : desirez-vous que je vous apprenne ce que fait le roi de France pour les éclairer ?

Pierre. On est toujours sûr de me faire plaisir quand on me parle du roi de France.

L'Ami. Il ouvre des écoles gratuites d'enseignement mutuel, qu'il place sous la surveillance de ses préfets.

Pierre. Qu'est-ce que c'est, s'il vous plaît, que des écoles gratuites d'enseignement mutuel ?

L'Ami. Ce sont des lieux où les enfans du pauvre vont apprendre, sans bourse délier, qu'il ne doit plus y avoir de bêtes de somme que ceux qui ne voudront pas être des hommes. Le mode d'enseignement qu'on y pratique s'appelle enseignement mutuel, parce qu'à l'aide d'un mécanisme admirablement ordonné, les élèves s'instruisent l'un par l'autre.

Pierre. Que sait-on, monsieur, quand on sort de ces écoles ?

L'Ami. Au bout de six mois de travail, ou plutôt de récréation, on sait parfaitement lire, écrire et calculer ; si bien qu'on peut étudier soi-même les codes et ordonnances, adresser une requête aux chambres et gérer ses affaires.

Pierre. A qui devons-nous les frais de cette heureuse institution ?

L'Ami. Au gouvernement. Les amis de l'humanité

s'accordent à dire que c'est le plus grand bienfait que Louis XVIII ait répandu sur son peuple.

PIERRE. Vous me donnez un grand désir de connaître quelqu'un de ces établissemens. En existe-il au Mans ?

L'AMI. Nous en devrons bientôt un à la sollicitude, au zèle paternel de M. le préfet. Pierre, quand vous aurez séché les larmes de votre famille et les vôtres, revenez ici; je vous y conduirai (1) après que nous nous serons acquittés du plus saint des devoirs.

PIERRE. Lequel, monsieur?

L'AMI. Un ami de M. Ariste, qui partagea quelquefois sa prison, se propose d'ouvrir une souscription dont le produit sera destiné à élever un mausolée qui consacrera la mémoire du défunt. Nous lui porterons ensemble notre petite offrande.

PIERRE. Monsieur, Pierre n'est pas riche; mais il s'estimera trop heureux de déposer son dernier écu sur la tombe de son maître. L'obole du pauvre se donne à cœur ouvert.

L'AMI. Je sais ce que vous pouvez offrir; je recevrai moi-même votre bourse : il faut de la réserve jusque dans les bonnes actions.

PIERRE. Je crois que je retrouverai en vous l'excellent cœur de M. Ariste.

L'AMI. Vous retrouverez en moi un nouveau maître, un nouvel ami.

---

(1) Je publierai incessamment un second numéro sous le titre de PIERRE A L'ÉCOLE.

PIERRE. Un nouveau maître, dites-vous?

L'AMI. Oui, Pierre, monsieur Ariste en mourant m'a légué votre ferme. Il m'a légué aussi le soin de vous continuer ses instructions. J'ai accepté de lui cette honorable tâche, quoique je connusse bien l'insuffisance de mes forces. Puisse l'imperturbable dévouement avec lequel je veillerai sur votre repos, puisse la droiture de mes intentions racheter la médiocrité du talent et vous rendre mes leçons agréables!

PIERRE. Nous vous aurons pour maître : cette nouvelle adoucira l'amertume de nos regrets.

L'AMI. J'en accepte l'augure.

PIERRE. Mais, monsieur, il me vient une pensée.

L'AMI. Dites-la-moi.

PIERRE. Vous allez continuer la tâche de monsieur Ariste : ses persécuteurs ne manqueront pas de se liguer contre vous. Si vous aviez ses malheurs?

L'AMI. Je vous l'ai dit, Pierre, les temps ne sont plus les mêmes ; et d'ailleurs, la certitude de ces malheurs, quand elle me serait acquise, ne m'ébranlerait pas.

PIERRE. On dira de vous comme de lui, que vous aurez perdu la raison.

L'AMI. On le dira, mais on ne le pensera pas. Quand on la rend aux autres, on n'a pas perdu la sienne.

PIERRE. Vos amis trembleront pour vous.

L'AMI. Mes amis! rendez-leur plus de justice. Une telle intrépidité ne peut étonner que ceux qui ne connaissent pas tout le ressort d'une âme libre.

PIERRE. Ce que c'est que le courage!

L'AMI. Dites à vos bons paysans que si quelquefois l'injustice essayait de jeter l'effroi dans leurs chaumières, j'entendrais leur signal de détresse et m'empresserais de leur tendre une main secourable.

Lorsque j'aurai recueilli les notes laissées par M. Ariste sur l'histoire de sa vie, nous irons avec quelques amis fidèles, prononcer sur sa tombe son éloge funèbre. Que n'aurons-nous pas à dire en l'honneur de l'homme qui se rendit aussi recommandable, dans sa vie privée, par la droiture de son cœur, la douceur et l'égalité de son humeur, qu'il se distingua, dans sa vie publique, par sa fierté d'âme, la hauteur de ses principes et son grand courage ?

PIERRE. Eh! si je vous citais toutes les bonnes actions que je lui ai vu faire lorsqu'il venait au milieu de nous! D'abord, il assistait à nos travaux, partageait notre repas grossier, présidait à la veillée. Tout autour de lui respirait le bonheur et l'union. Puis, quand il croyait n'être apperçu de personne, il courait sous le toît du pauvre, porter des consolations et des secours. Je ne crains point de mentir en vous disant que je connais plus de trente familles infortunées qui lui ont dû mille fois la vie, sans avoir jamais pu apprendre le nom de leur bienfaiteur!

L'AMI. Eh bien! Pierre, ces monstres de patriotes....

PIERRE. Si pourtant je n'avais jamais eu le bonheur d'approcher M. Ariste, je bénirais la main qui nous l'a ravi.

L'Ami. Il faut bien se garder de juger les choses avant de les connaître.

Pierre. On m'avait appris aussi à médire de Voltaire et de Rousseau. J'en médirais peut-être encore, si monsieur Ariste n'avait pris le soin de me guérir à la fois de l'une et de l'autre erreur.

L'Ami. Adieu, bonhomme.

Pierre. Adieu, honnête jeune homme. Adieu, restes inanimés du meilleur des maîtres. Le désespoir et la reconnaissance vous accompagneront à votre dernier gîte. (*Il pleure*).

L'Ami. Eloignez-vous, Pierre, vous renouvelez ma douleur.

Pierre. M'accorderez-vous avant un premier témoignage de votre bienveillance ?

L'Ami. Je vous accorderai tout.

Pierre. Je retrouve en vous ce que j'ai perdu dans monsieur Ariste, à une petite exception près.

L'Ami. Vous voulez, il me semble, flatter mon amour-propre.

Pierre. Si vous me le permettiez, je vous appellerais M. Ariste.

L'Ami. J'accepte, bonhomme. Ce titre m'honore doublement. Ariste, dans notre langue, signifie homme de bien. C'était de plus le nom de mon meilleur ami. Adieu.

Denis-Claude BARBIER.

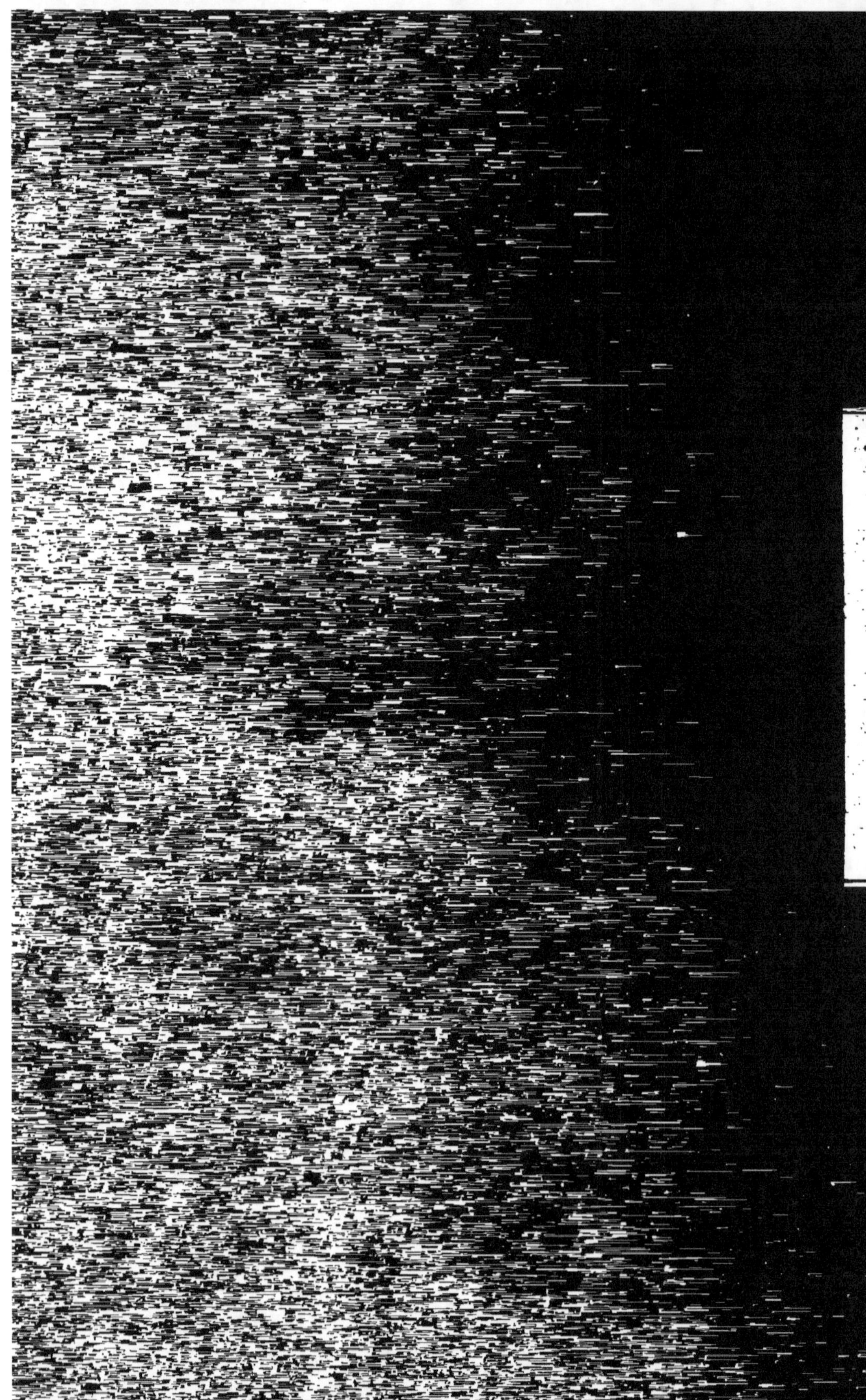